YAMAMOTO METHOD

STANDARD PIANO COURSE
Technical Practice Book 1

スタンダード ピアノテクニック ①

山本 英子 編著

KYODO-MUSIC

はじめに

　この『スタンダードピアノテクニック』は、ピアノを楽しく弾くために欠かせない指の訓練のためのテキストです。

　各曲は、まず、レガートで、正しく丁寧に弾けるまで練習しましょう。間違えずに弾けるようになったら、そのあとは、付点などのリズム練習や、スタッカートでの練習も取り入れましょう。

　ピアニスティックな指の動きに慣れるように、日々のピアノの練習のウォーミングアップとして、この『スタンダードピアノテクニック』を十分に活用して下さい。

FOREWORD

STANDARD PIANO COURSE Technical Practice Book is a textbook for finger training that is essential for playing the piano.
Let's practice each piece carefully until you play properly. Then, after you can play it without mistake, practice with rhythms or with staccato.
I hope that this STANDARD PIANO COURSE Technical Practice Book will be fully utilized for warming-up of your daily piano practice an lesson so that you can get used to the pianistic finger movements.

目　次　　Contents

1.	———————————	4
2.	———————————	5
3.	———————————	6
4.	———————————	7
5.	———————————	8
6.	———————————	9
7.	———————————	10
8.	———————————	11
9.	———————————	12
10.	———————————	13
11.	———————————	14
12.	———————————	15
13.	———————————	16
14.	———————————	17
15.	———————————	18
16.	———————————	19
17.	———————————	20
18.	———————————	21
19.	———————————	22
20.	———————————	23
21. ハ長調　C Major	———————————	24
22. イ短調　a minor	———————————	25
23. ト長調　G Major	———————————	26
24. ホ短調　e minor	———————————	27
25. ヘ長調　F Major	———————————	28
26. ニ短調　d minor	———————————	29
27. ニ長調　D Major	———————————	30
28. ロ短調　b minor	———————————	31
29. 変ロ長調　B♭Major	———————————	32
30. ト短調　g minor	———————————	33
31. イ長調　A Major	———————————	34
32. 嬰ヘ短調　f♯minor	———————————	35
33. 変ホ長調　E♭Major	———————————	36
34. ハ短調　c minor	———————————	37
35. ホ長調　E Major	———————————	38
36. 嬰ハ短調　c♯minor	———————————	39
37. 変イ長調　A♭Major	———————————	40
38. ヘ短調　f minor	———————————	41
39. ロ長調　B Major	———————————	42
40. 嬰ト短調　g♯minor	———————————	43
41. 変ニ長調　D♭Major	———————————	44
42. 変ロ短調　b♭minor	———————————	45
43. 変ト長調　G♭Major	———————————	46
44. 変ホ短調　e♭minor	———————————	47

1.

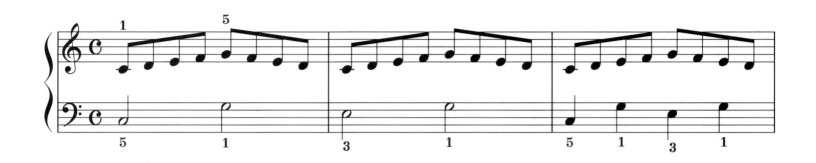

2.

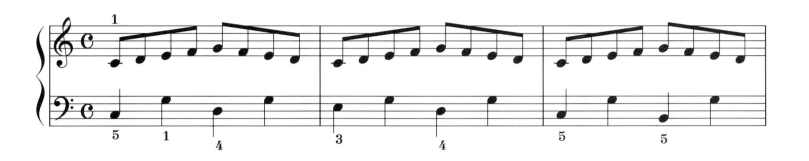

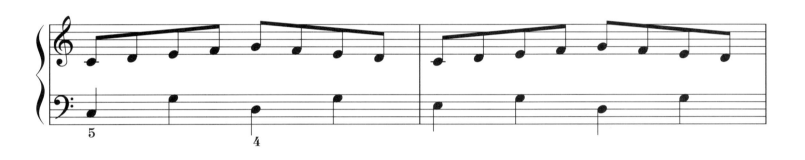

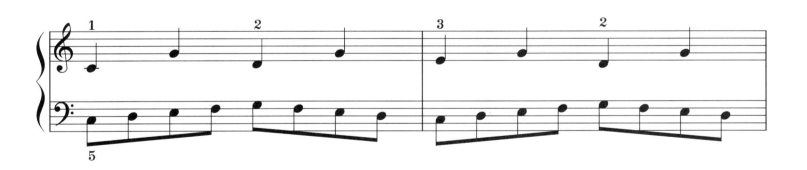

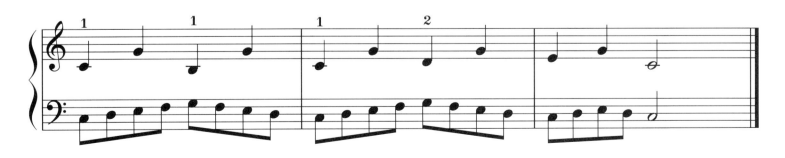

3.

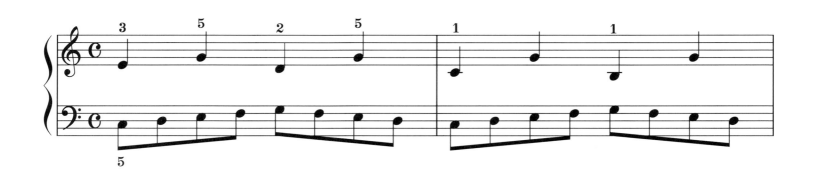

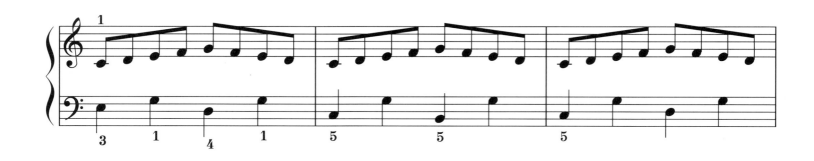

4.

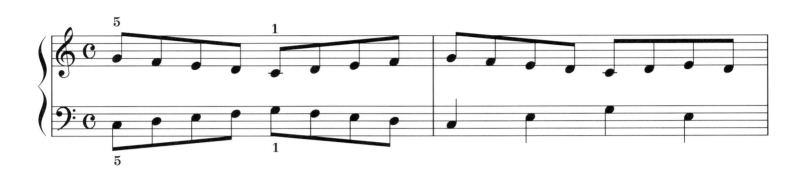

5.

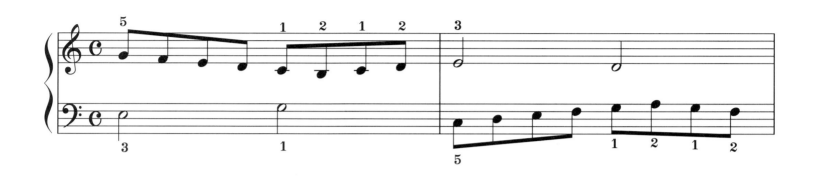

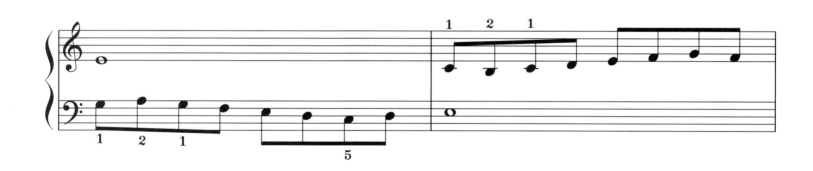

6.

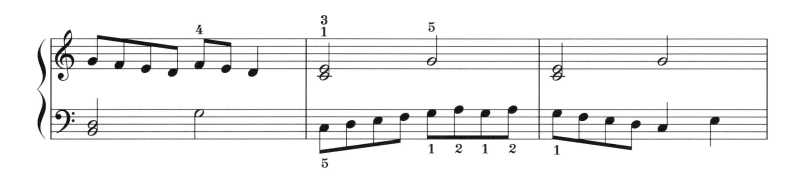
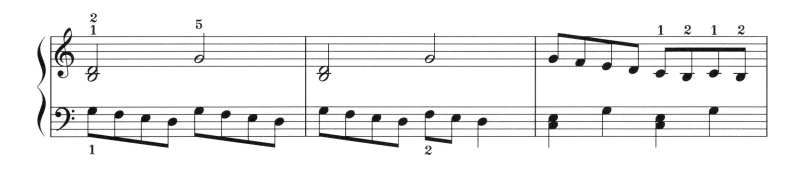
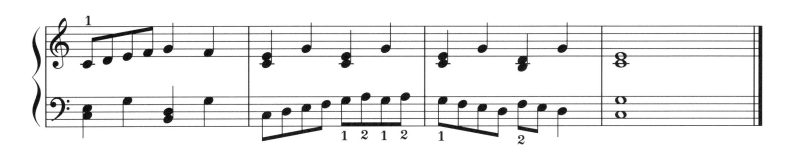

7.

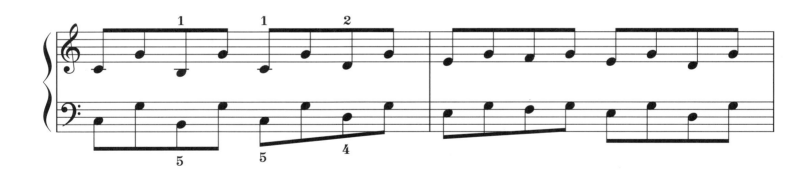
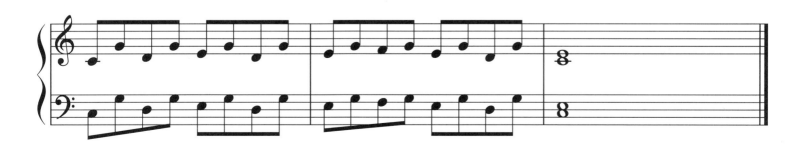

8.

9.

10.

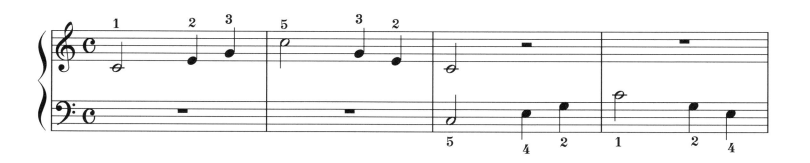

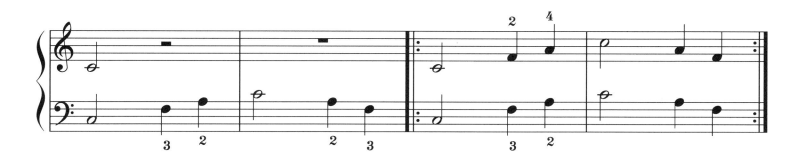
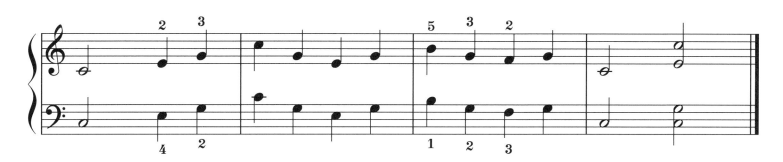

11.

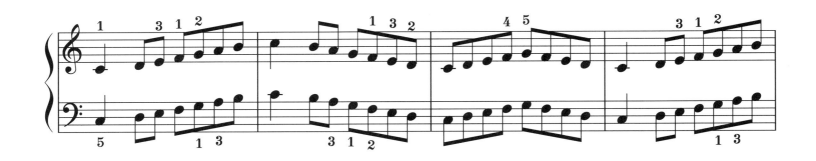
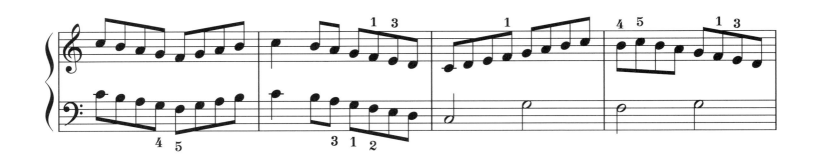

12.

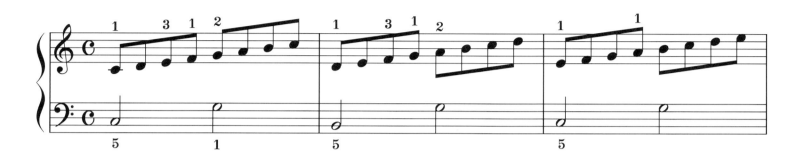

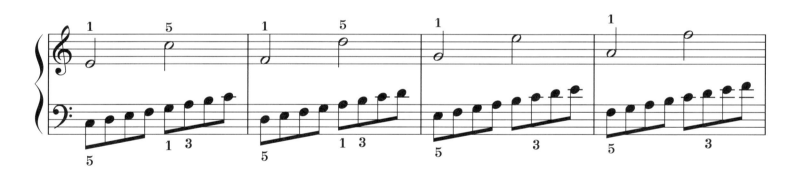
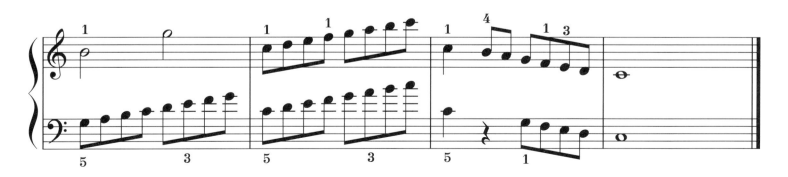

13.

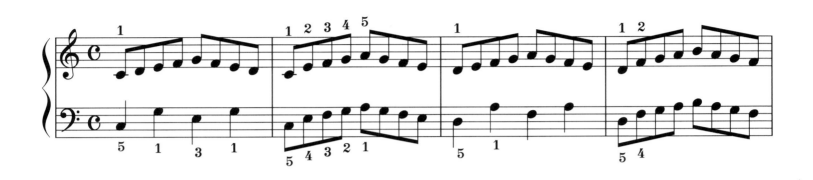

14.

15.

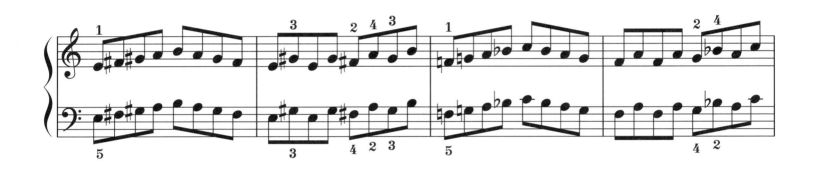
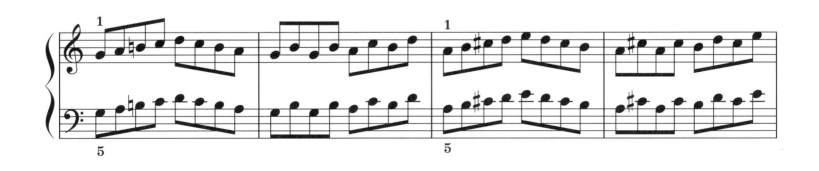

16.

17.

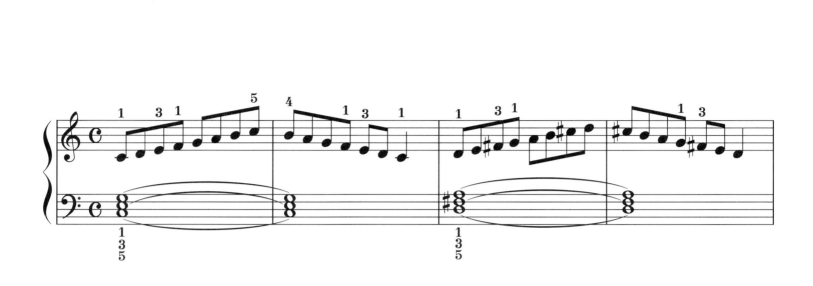
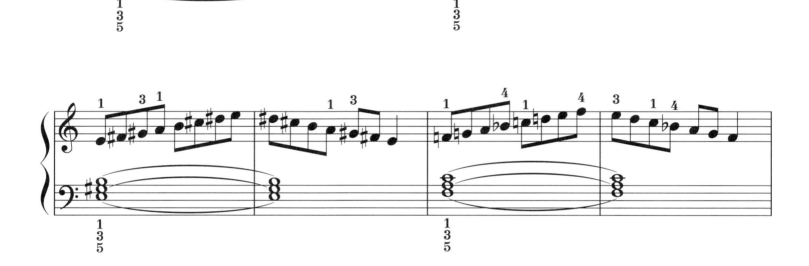

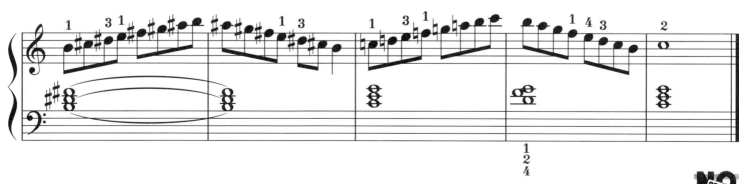

18.

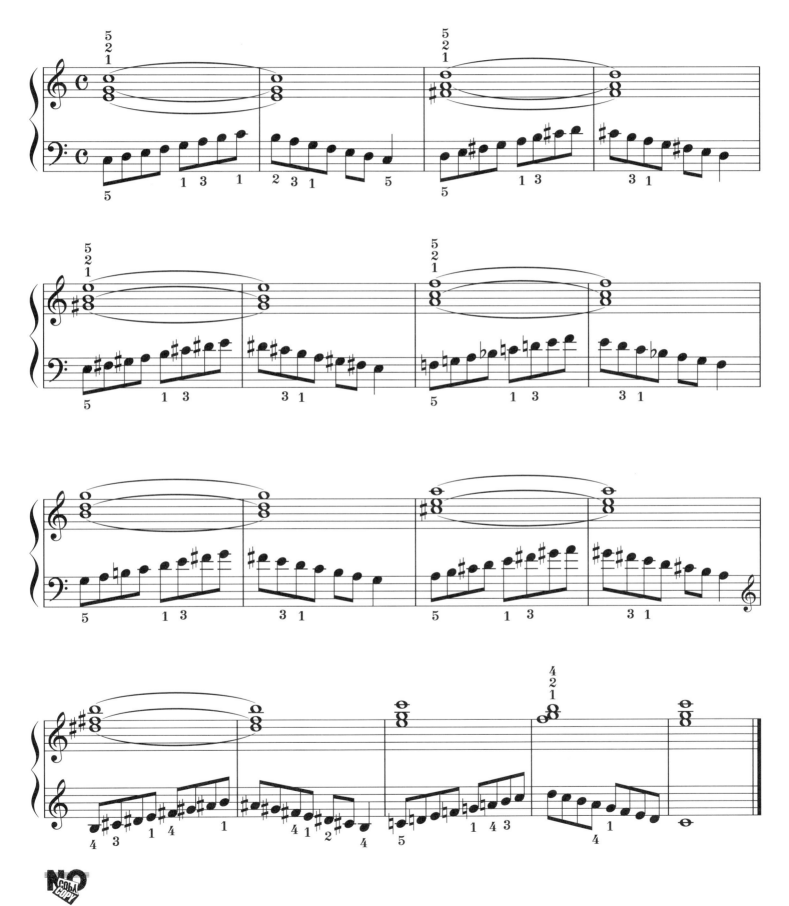

19.

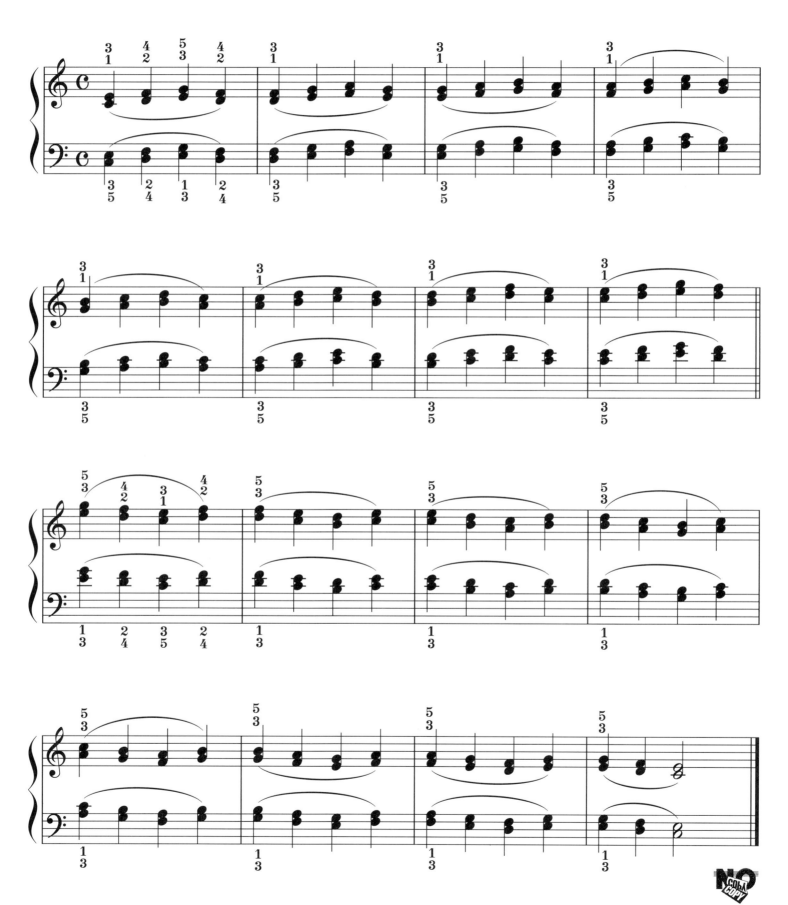

20.

21.

ハ長調　C Major

23.

ト長調　G Major

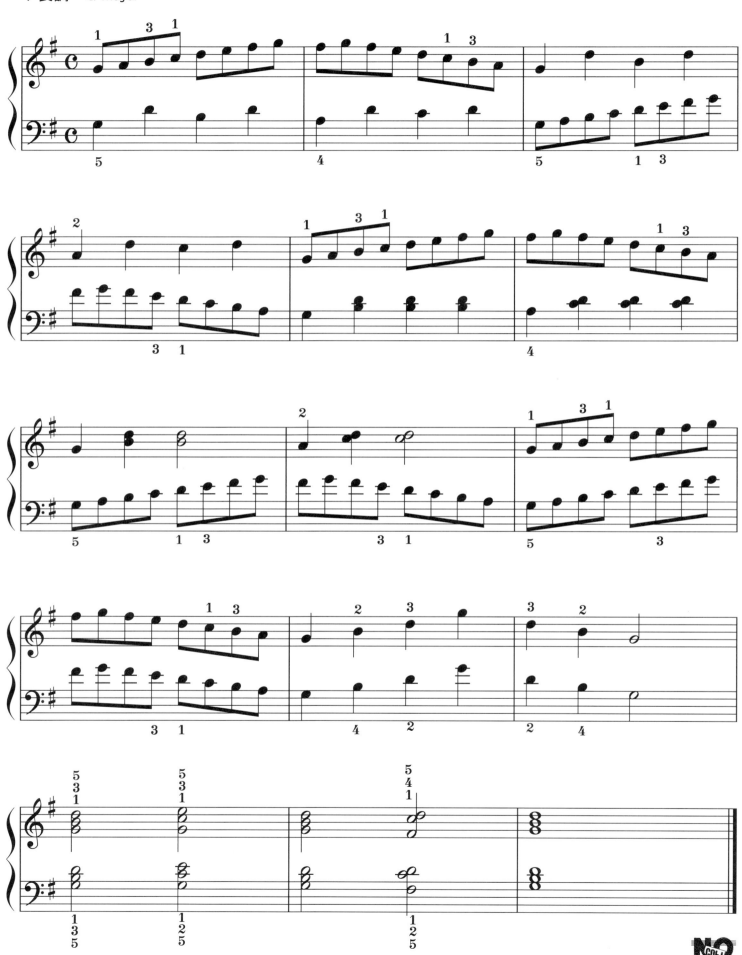

24.

ホ短調　e minor

25.

ヘ長調　F Major

27.

二長調　D Major

28.

ロ短調　b minor

34.

ハ短調　c minor

35.

ホ長調　E Major

41.

変ニ長調　D♭ Major

42.

変ロ短調　b♭ minor

編著者プロフィール

山本英子

東京都出身。
桐朋学園大学音楽学部演奏学科ピアノ専攻卒業。
オーストラリア国立大学大学院 Graduate Diploma in Music ピアノ専攻修了。
慶應義塾大学経済学部卒業。早稲田大学修士課程修了。
2007年より、3歳からでも無理なく始められる新しいピアノ教育システム
『ぴあののアトリエ メソード』を発表。
以来、共同音楽出版社から同シリーズの多数のテキストを出版し、英語併記版も手掛けている。

〔主な著書〕
ぴあののアトリエ（全6巻）	ぴあののアトリエ ショパン・スタディ
がくてんのアトリエ（全6巻）	ぴあののアトリエ ソナチネ セレクション
ぴあののアトリエ テクニック（全3巻）	ぴあののアトリエ ハノン・ツェルニー（全2巻）
ぴあののアトリエ コンサート（全6巻）	ぴあののアトリエ ソルフェージュ（全3巻）
ぴあののアトリエ ザ・クラシック（全2巻）	ぴあののアトリエ 譜読みトレーニング（全3巻）
ぴあののアトリエ ザ・ポピュラー（全2巻）	ぴあののアトリエ 楽典レッスン（全2巻）
ぴあののアトリエ やさしいロマン派① ブルクミュラー	ぴあののアトリエ 楽典実践問題集（全2巻）
ぴあののアトリエ やさしいロマン派② ストリーボック	これで楽譜に強くなる 速習楽典と徹底ドリル
ぴあののアトリエ やさしいバロック	リレー連弾曲集①②

Eiko Yamamoto

Born in Tokyo, Japan. Graduated from : Toho Gakuen School of Music (piano);
Australian National University (Graduate Diploma in Music-piano);
Keio University (B.A. in Economics); Waseda University (M.A. in Economics).
In 2007 she started to publish *Piano no Atelier Method* (Japanese title),
a textbook course designed for beginner piano students age three and up.
She is currently working on the English counterpart *YAMAMOTO METHOD Basic Piano Course*
(Piano Lesson Book, Music Theory Book, Technique Book, Repertoire Book).

もうひとつのピアノ指導法 －意味のあるピアノレッスンとは？－

山本英子 著　四六判　316頁　定価（本体 1,800円＋税）

一番知りたいレッスン方法は誰も教えてくれない・・・
こんなピアノ指導書が欲しかった！

（主な内容）第1部　ピアノ指導法　レッスンがマンネリ化していないか？/「ピアノの基本」って何？/
ピアノの弾き方を指導する / ソルフェージュと譜読み力 / ピアノを習う意義は？/
価値のあるピアノレッスンとは？/ ピアノレッスンはサービス業か？/ 怒っちゃダメ!?/　他

　　　　　第2部　ピアノレッスンQ&A　何歳からピアノを始めるか / バイエルではダメですか？/
幼児をレッスンに集中させるには / 上手にほめる / 何を教えたらいいのかわからない /
ハノンをどう使うか / 年配者のレッスン / 保護者との関係 /　他

♪　山本英子の公式ホームページ　　　　　♪　共同音楽出版社の公式ホームページ

　　http://www.piano-atelier.net　　　　　　　http://kyodomusic.jp/

スタンダードピアノテクニック 1
令和元年5月25日初版発行
編著者　山本英子 ©2019
発行者　豊田治男
発行所　株式会社共同音楽出版社
　　　　〒171-0051　東京都豊島区長崎3-19-1
　　　　電話03-5926-4011
印刷製本　株式会社 平河工業社
充分注意しておりますが、乱丁・落丁は本社にてお取替えいたします。

表紙デザイン：有限会社ねころのーむ

皆様へのお願い
　楽譜や歌詞・音楽書などの出版物を著作権者に無断で複製（コピー）することは、著作権の侵害（私的利用など特別な場合を除く）にあたり著作権法により罰せられます。
　また、出版物からの不法なコピーが行われますと出版社は正常な出版活動が困難となり、ついには皆様方が必要とされるものも出版できなくなります。
　音楽出版社と日本音楽著作権協会（JASRAC）は著作権の権利を守り、なおいっそう優れた作品の出版普及に全力をあげて努力してまいります。
どうか不法コピーの防止に、皆様方のご協力をお願い申し上げます。
　　　　　　　　　　　　　　株式会社共同音楽出版社
　　　　　　　　　　　　　　一般社団法人日本音楽著作権協会